AF342749

IDÉE GÉNÉRALE
DU GOUVERNEMENT
ET
DE LA MORALE
DES CHINOIS,

Tirée particuliérement des Ouvrages de CONFUCIUS,

Par M. D. S****. *Silhouet*

M. DCC. XXIX.

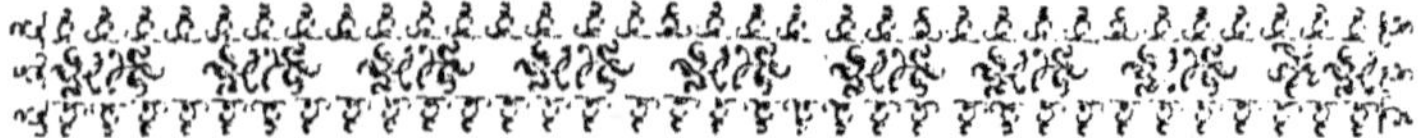

L ES *Ouvrages de Confucius ont été imprimés à Paris en* 1687 *en un seul Volume In-folio qui a pour titre :* Confucius Sinarum Philosophus, sive Scientia Sinensis latinè exposita studio & operâ Prosperi Intorcetta, Christiani Herdtrich, Francisci Rougemont, Philippi Couplet, Patrum Societatis J E S U, jussu Ludovici Magni, eximio Missionum Orientalium & Litterariæ Reipublicæ bono, è Bibliothecâ Regiâ in lucem prodit ; adjecta est Tabula Chronologica Sinicæ Monarchiæ ab hujus exordio ad hæc usque tempora. *C'est-à-dire,* Confucius Philosophe des Chinois, ou la Science des Chinois exposée en latin par le soin des Péres Prosper Intorcetta, Christian Herdtrich, François Rougemont & Philippe Couplet de la Compagnie de J E S U S, par l'ordre de Loüis le Grand, pour l'avantage des Missions Orientales & de la République des Lettres, tirée de la Bibliotheque du Roi, suivie d'une Table Chronologique de la Monarchie des Chinois depuis son origine jusqu'à présent. *C'est de ce livre particuliérement qu'on a tiré cette Idée générale du Gouvernement & de la Morale des Chinois. Il faut remarquer que ce n'est point de Confucius que nous tenons ses Ouvrages, mais d'un de ses Disciples qui a eu soin de les recueillir, & de conserver à la postérité la mémoire des Discours & des Sentences de ce Grand Philosophe.*

IDÉE GÉNÉRALE
DU GOUVERNEMENT
ET
DE LA MORALE
DES CHINOIS,

Tirée des Ouvrages de CONFUCIUS.

'EST particuliérement dans les Ouvrages de (*a*) Confucius qu'il faut puiser les maximes du Gouvernement & de la Morale des Chinois : il est en même tems leur Philosophe & leur Legislateur, & l'on ne peut à la Chine parvenir à aucune

(*a*) Les sentimens des Chinois sur la Divinité & le culte dont on doit l'honorer, sont le sujet de plusieurs livres qui ont paru en grand nombre, & dont les discussions tiennent plus de l'animosité que de l'éxamen : elles ont fait naître à tout le monde l'envie de conoître la Chine. Peu de personnes ont cherché cette conoissance dans les livres de Confucius ; l'esprit de parti dont on étoit ocupé, n'a point permis de l'envisager par les endroits estimables ; il a tenu lieu de tout autre

A

cune dignité fans les avoir étudiés.

Lecture des Ouvrages de Confucius utile pour l'étude des Loix naturelles.

La lecture des Ouvrages de Confucius est curieuse, elle fait conoître l'Empire de la Chine; mais elle est encore plus *(b)* utile. On y voit des préceptes de vertu dont un Philosophe Chrétien s'aplaudiroit : ces préceptes se trouvent confirmez par des éxemples dont les Héros Grecs ou Romains n'ont point aproché. Un autre motif encore m'engage d'en faire l'extrait : les livres du Philosophe Chinois nous font voir ce que la nature seule est capable de faire lorsqu'on écoute ses conseils. Ces sortes d'ouvrages nous font beaucoup mieux conoître les Loix naturelles que ceux des Jurisconsultes modernes. Beaucoup ont traité des Loix civiles , enforte même qu'on peut dire qu'il y en a trop : quelques-uns, mais trop peu , ont traité du Droit naturel ; aucun ne l'a fait d'une maniére à n'en laisser point souhaiter un nouveau traité.

Division & ordre des matieres en 7 articles.

Je commencerai par l'Histoire abrégée de la vie de Confucius; elle sera suivie d'une idée générale de l'Empire de la Chine *(c)* : je parlerai ensuite de l'amour réciproque des Péres & des Enfans , fondement principal

apas , & en a même fait trouver dans des subtilités purement métaphysiques.

(b) On ne lit point les Ouvrages de Confucius , parce qu'on ne conoît pas toute leur beauté. Nos études sont intéressées ; Confucius est un Philosophe Chinois , la Chine est bien éloignée : en voilà assez pour nous empêcher de les lire : honteuses réfléxions ! fausses conséquences !

(c) Cette idée générale de l'Empire de la Chine , est tirée particuliérement des Tables Chronologiques qui sont à la suite des Ouvrages de Confucius.

cipal de la politique des Chinois : de leur Gouvernement ; & de leurs soins pour l'Agriculture & le Commerce. Je raporterai les diférens traits dont Confucius
caractérise la Vertu , le Sage & les Loix : je finirai par
les préceptes que donne ce Philosophe pour bien gouverner.

I.

HISTOIRE ABRÉGÉE

DE LA VIE DE CONFUCIUS.

CONFUCIUS tiroit son extraction d'un des premiers Empereurs. Il naquit 551 an avant la venuë de
Notre-Seigneur. Ses Descendans ont aujourd'hui le titre de Ducs ; c'est la seule famille éxemte de tribut :
elle réside à *Kiofeu* , Ville natale de Confucius, dans
la Province de *Kanton* , & compte plus de 4400 ans
d'ancienneté. La maison de ce grand Philosophe sub-
siste encore , & les Empereurs vont quelquefois la vi-
siter.

*Extraction ,
naissance & posté-
rité de Confucius.*

Confucius vivoit d'une maniére trés dure ; il ne
mangeoit que les viandes les plus communes & les
plus faciles à préparer : il ne buvoit que de l'eau , &
couchoit sur la dure : il n'avoit point d'autre chevet
que son bras placé sous sa tête. Cette maniére de vivre
avoit pour lui , ainsi qu'il le disoit lui - même, de plus
grands agrémens que n'en a la vie la plus voluptueuse
pour la plûpart des hommes.

*Sa maniére de
vivre.*

Il

Il s'apliqua d'abord à conoître les préceptes des
Anciens. A trente ans, il fut ſi conſtant & ſi ferme,
que rien n'étoit capable de le détourner de l'étude de la
Philoſophie ; aucune choſe ne l'ébranloit, & il ne
craignoit plus les événemens de la fortune. A quaran-
te, il s'étoit rendu certain dans ſes conoiſſances ; il
n'héſitoit plus, & ſes doutes s'évanoüirent. A cinquan-
te ans, il reconut la Providence, & conçut la néceſſité
de rapeller toutes ſes actions à la pure lumiére de la rai-
ſon. A ſoixante, la force de ſon entendement ſe trouva
portée à ſa perfection. Enfin à ſoixante & dix ans, il
étoit au-deſſus de ſes paſſions, il joüiſſoit d'une paix intérieure ; il s'étoit fait une habitude de la vertu, & il
lui étoit plus facile de faire le bien, que de penſer le
mal.

L'autorité de Confucius parmi les Chinois eſt plus
grande que n'étoit chez les Grecs, celle de Socrate ou
de Platon. Ce Philoſophe eut juſqu'à 3000 Diſciples :
il mourut à 73 ans. On voit dans preſque toutes les
Villes des Coléges magnifiques bâtis en ſon honneur,
avec ces Inſcriptions ou d'autres ſemblables écrites en
caractéres d'or ; *AU GRAND MAÎTRE, A L'ILLUSTRE
ROI DES LETTRES.* Rien ne fera mieux conoître
le caractére de ce grand Homme, que les ſentimens
de vertu & d'humanité dont ſont remplis ſes ouvrages.

IDE'E

(5)

I I.

IDÉE GÉNÉRALE

DE L'EMPIRE DE LA CHINE.

L'EMPIRE de la Chine se divise en quinze Provinces, qui pourroient à cause de leur grandeur & de leurs richesses être regardées comme de grands Royaumes. Ce vaste pays est habité par soixante millions d'hommes, sans compter les femmes, les enfans, les Troupes & les Lettrés. Ce nombre paroît presqu'aussi incroyable que les revenus immenses que le Traducteur de Confucius atribuë à l'Empereur. Il les fait monter à 150 millions de piéces d'or qu'il évaluë à quatre florins de Hollande ; ce seroit, sur le pié de 27 liv. le marc d'argent, environ 720 millions.

Le mur qui sépare la Chine d'avec la Tartarie, est de tout ce qu'on peut dire ce qui fait sentir davantage la puissance & la grandeur des Chinois, parce que c'est ce qu'il y a de plus réel. Il a 400 lieües de long, près de 500 si l'on en suit tous les circuits ; 30 coudées de haut, 12 de large, & 15 dans quelques endroits. Ce mur fut élevé 215 ans avant la venuë de Notre-Seigneur. Le Corps qui en avoit autrefois la garde étoit de près de 700 mille hommes.

On s'est imaginé que les Chinois étoient des barbares :

A iij

res : ce que nous penfions d'eux, ils le penfoient de nous avant que de nous conoître : ce font les Peuples les plus polis de l'Afie. Ils ont eu la conoiſſance de la plûpart des fciences & des arts avant nous. Ils joignent à la pratique des vertus morales l'ufage de celles qui font les agrémens de la focieté civile, & font, comme dans ce pays-ci, grands faifeurs de complimens. Si nous parlons de leur Pays, c'eſt avec mépris; nous le plaçons à un coin de la terre : & leurs Ecrivains en parlent avec une dignité que nos Géographes ont ignorée en parlant de l'Europe. Lorfqu'on voit dans leurs Ecrits : *Le milieu du Monde, le Jardin de l'Univers*, ces termes *(d)* défignent par eux mêmes l'Empire de la Chine ; ils font confacrés par l'ufage, & ne font point fufceptibles d'un double fens.

Antiquité Chinoife fabuleufe.   L'Antiquité Chinoife eſt remplie d'un grand nombre de fables que les Chinois eux-mêmes reconoiſſent pour telles. Ce défaut leur eſt commun avec les Nations les mieux policées, les Egyptiens, les Grecs & les Romains. Les Chinois font le Monde beaucoup plus vieux qu'il n'eſt véritablement, défignent le jour & l'heure que le Ciel & la Terre ont commencé d'être: ces fables font néanmoins parfemées de quelques traits

de

(d) Les Chinois pour exprimer leur pays, fe fervent d'un mot compofé de deux autres, & qui fignifie l'*Empire du milieu*. Le nom de la *Chine* a été inventé par les Portugais, qui ont ainfi apellé cette Contrée du mot *Sin*, dont les Chinois fe fervent pour fe faluer lorfqu'ils fe rencontrent.

de vérité ; on y trouve que l'homme fut formé du limon de la terre.

La plus grande partie des Chinois est aujourd'hui dans l'Idolatrie : la secte des Lettrés a une religion particuliére. Ils semblent se faire une Divinité de je ne sçai quelle vertu répanduë dans l'Univers, & surtout dans le Ciel matériel son principal instrument : si ce sont des Athées, c'en est une espéce singuliére. L'erreur monstrueuse qu'ils suivent n'a pû entrer dans leur esprit, qu'en s'acomodant à l'idée naturelle qu'on a de Dieu, & en donnant à leur E'tre chimérique les traits de la Divinité.

Religion des Chinois. Leur idée sur la Divinité.

Les Chinois n'ont pas toujours servi les Idoles, & ce n'est point à la légéreté qu'il faut imputer la cause de leur changement. Ils ont changé, pour ainsi dire, avec poids & mesure : ils avoient apris de Confucius à regarder les novateurs, surtout en matiére de (e) religion, comme des pestes très-dangereuses à un E'tat. Voici donc la raison de leur changement. Confucius disoit souvent, *Que l'Homme Saint, envoyé du Ciel, viendroit dans l'Occident.* Il faut remarquer que la Palestine est à l'Occident de la Chine. Ces paroles semblent

Origine & cause du culte de l'Idole Fo E'.

blent

(e) Pour faire conoître combien l'esprit de cette Nation est énemi de toutes nouveautés en fait de religion, c'est qu'un de leurs Empereurs s'étant fait déclarer Chef d'une secte particuliére, tous les Historiens atribuent à l'atrocité de son sacrilége, les fâcheux événemens dont Dieu permit que son Régne fut une suite continuelle.

blent anoncer la venuë du Meſſie ; peut-être Dieu inſpiroit-il alors à ce Philoſophe un eſprit de prophétie. Soixante & cinq ans après la Naiſſance de J e s u s-Christ, l'Empereur *Mimti* pouſſé par les paroles du Philoſophe , & plus encore , comme le raportent les Chinois , par l'image de ce grand homme qui lui aparut en ſonge, envoya en Occident pour y chercher *le Saint & la Sainte Loy.* Mais ces Envoyés ayant abordé à une certaine Iſle & n'ayant oſé pouſſer plus loin , s'aviſerent de prendre une Idole qu'ils y trouverent. C'étoit la Statuë d'un Philoſophe apellé *Foé* , qui avoit paru dans les Indes environ 500 ans avant Confucius. Depuis ce malheureux tems la plûpart des Chinois ont ſervi les Idoles.

E'poque de l'Empire des Chinois.

Celui que les Chinois regardent comme le Fondateur de leur Nation, c'eſt *Fohi.* Ils le font commencer de régner 2952 ans avant la Naiſſance de Notre-Seigneur. Leur hiſtoire depuis ce tems eſt ſuivie avec cet ordre & cet arangement qui eſt propre à la vérité : il ſeroit auſſi peu équitable de ne vouloir pas s'y rendre , que de croire aveuglément tout ce qui précede cet époque. Des diférens ſiſtêmes de Chronologie , celui des *Septante* eſt le ſeul qui puiſſe s'alier avec les Chronologies Chinoiſes : elles deviennent pour ce ſyſtême une eſpéce de preuve.

Fohi raſſemble les Chinois & en forme un peuple.

Sous le régne de cet Empereur les Peuples de la partie Orientale de la Chine , vivoient éparts dans les forêts

forêts comme des Sauvages, fans nulle forte de commerce ni de liaifon : il les a raffemblés, les a rendus fociables, en a fait des hommes : il les a unis par des mariages, & ce que nous ne croirions pas, il les a furtout adoucis par les charmes de (*f*) l'harmonie.

L'Empire de la Chine a été gouverné par une fuite de plus de 2 5 o Empereurs fous 2 2 Races. Celle qui régne eftTartare ; fa domination eft apellée *Sainte* par les Chinois : c'eft en Tartarie qu'on envoye les criminels qui n'ont point mérité la mort. On efpére que le climat qui eft dur, changera dans leur poftérité le naturel vicieux du fang de leurs péres, & en fera des hommes vertueux.

L'Hiftoire de la Chine eft remplie de traits d'une générofité fi héroïque, qu'ils nous paroîtront incroyables. On y voit des Princeffes & des femmes du menu peuple fe donner la mort pour conferver leur honneur; des Magiftrats fe démettre de leurs Emplois, pour fuir les défordres de la Cour ; des Philofophes cenfurer des Rois fur leur Trône ; des Fréres mériter également la Couronne, difputer à qui ne l'aura pas, fuir, & par là triompher d'eux-mêmes & réciproquement l'un de l'autre : enfin des Empereurs qui ne font point

dificulté

Nombre des Empereurs, diférentes Races, Race régnante.

Traits de l'hiftoire des Chinois.

(*f*) Les Chinois font encore aujourd'hui grands amateurs de la mufique. Les Philofophes & Legiflateurs anciens regardoient la mufique comme une afaire d'État. Ils jugeoient par l'acord & l'harmonie de toutes fes parties, de celui qui doit régner entre toutes celles d'un État.

dificulté de vouloir mourir pour apaiſer la colére du Ciel , & procurer la paix à leur peuple ; & des Sujets qui ſacrifient ce qu'ils ont de plus cher pour conſerver la famille de leur Empereur. Je raporterai ces deux derniers faits avec leurs circonſtances.

Premier trait d'hiſtoire. Sous le régne de l'Empereur *Chimtam*, (g) la Chine fut afligée d'une famine cauſée par une ſéchereſſe de 7 ans. Le Mandarin (h) qui préſidoit aux choſes céleſtes, fit ſavoir à l'Empereur que le Ciel ne s'apaiſeroit point par le ſang des victimes ordinaires , & que dans cette derniere extrémité, il faloit pour dernier reméde lui ofrir du ſang humain. L'Empereur ſe choiſit lui-même pour victime : il ſe prépare à ce ſacrifice pour opérer le ſalut de ſon peuple, par trois jours de jeûne & de prieres, ſe fait couper les cheveux & une barbe que 90 ans avoient blanchie & renduë reſpectable : enfin au troiſiéme jour il fait ateler à ſon char deux chevaux blancs, & lui-même couvert d'une peau de brebis, va juſqu'au pié d'une montagne près de la Ville : il en gagne le ſommet en rempant ſur ſes mains pour s'humilier & ſe conformer davantage à l'idée d'une victime. Il s'adreſ-

ſe

(g) Environ 1755 ans avant la venuë de Notre-Seigneur. C'eſt une queſtion qui ſeroit digne d'être éxaminée , ſi ce ne ſont point les ſept années de diſette qui ont afligé l'Égipte.

(h) Nous apellons *Mandarins* les Oficiers qui ont quelque Com-mandement ou quelque Juriſdiction. Il y en a pour la Guere , les Finances & la Police : ce nom eſt de l'invention des Portugais qui ont ainſi apellé les Oficiers Chinois du mot latin *mandare* , qui ſignifie *or-donner , commander*.

(11)

fe au Ciel pour obtenir le falut de fon Peuple , & le prie de ne point venger fur fes Sujets les défauts de fon Gouvernement. Une pluïe abondante qui furvint & qui fut la fource d'une grande fertilité, conferva cet Empereur pour faire le bonheur de fon Peuple & fervir d'éxemple à l'Univers.

L'Empereur *Livam* (*i*) s'êtoit rendu éxécrable par fes cruautés ; elles révolterent fon Peuple, & il fut obligé de chercher font falut dans la fuite. Le peuple en furie déchargea toute fa haine fur fa famille & en fit un maffacre général. Le Miniftre avoit retiré un des enfans de cet Empereur, le peuple en fureur le lui redemande , le Miniftre lui abandonne le fien , conferve celui de fon Maître , & trouve les moyens de le faire monter fur le Trône , après que fon Pére fut mort dans fon éxil. Cette action ne réalife-t'elle pas les belles fictions des Romans , ou plûtôt ne les furpaffe-t'elle point ? Trouve-t'on des éxemples vrais ou faux d'un zéle fi conftant pour la famille d'un Empereur qui étoit odieux & qui méritoit de l'être ?

I I I.

P R I N C I P E

D E L A P O L I T I Q U E D E S C H I N O I S.

LA politique des Chinois eft particuliérement fondée

(*i*) Environ l'an 920 avant la venuë de Notre-Seigneur.

B ij

dée fur l'amour réciproque des Péres & des Enfans. Ils ont fait du premier fentiment de la nature, le premier principe de leur politique : l'Empereur eft apellé le *Pére* de tout l'Empire , & le Mandarin eft le *Pére* de la Ville qu'il gouverne. *Je regarde* , dit l'Empereur T A I ç u M , *mon Empire comme un Pére fa famille* , *& j'embraffe de cœur tous mes Sujets comme de tendres Enfans à qui j'aurois donné le jour.*

Cette idée de *Pére* s'eft tellement imprimée dans l'efprit de cette Nation , qu'on ne loüe prefque jamais l'Empereur que de l'afection qu'il a pour fes Sujets. Le tour ordinaire des éloges qui lui font adreffés , eft une allufion de fes actions à celles d'un bon *Pére* de famille. Outre la paye que l'Empereur donne à tous les Oficiers de fa Cour , il leur fait diftribuer tous les jours une certaine quantité de vivres & de toutes fortes de munitions ; il en ufe à leur égard comme un *Pére* qui nourit fa famille. Les Mandarins s'affemblent deux fois par mois en cérémonie dans un lieu où l'on lit une ample inftruction pour le peuple : cette pratique eft ordonnée par un ftatut de l'Empire ; le Gouverneur fait en cela l'Ofice d'un *Pére* qui inftruit fa famille.

Les Docteurs & Philofophes Chinois repetent continuellement dans leurs livres que le Gouvernement d'une famille doit fervir de modéle à celui d'un Etat. Les anciens Empereurs , dit Confucius , pour

pour aprendre à bien gouverner l'Empire s'étudioient
à bien gouverner une Province ; pour bien gouverner
une Province ils s'apliquoient au bon réglement de
leur famille , afin qu'elle pût servir de modéle à toutes les autres ; ce qu'ils faisoient en prenant un soin extraordinaire de leur propre personne , afin d'être eux-
mêmes un éxemple de vertu à tous leurs Courtisans , &
à tous leurs Domestiques : car enfin , ajoûte-t'il , celui
qui ne sait point se gouverner est encore moins capable de gouverner sa famille , & qui ne peut gouverner sa famille ne pourra gouverner un Royaume. Les
membres d'un Etat, dit ce même Philosophe dans un
autre endroit , doivent se regarder comme membres
d'une même famille ; les Sujets doivent à leur Prince
l'obéissance comme s'il êtoit leur Pére , se doivent entr'eux l'amour & la charité comme s'ils étoient Fréres ;
les Petits doivent aux Grands du respect comme à
leurs Aînés, & ceux-ci leur doivent de la condescen-
dance comme à leurs Puînés : le Prince leur doit à tous
de la clémence & de la bonté comme à ses propres Enfans : s'il est obligé de les châtier, il doit le faire comme un Pére son Enfant ; la main qui le frape apréhen-
de de le blesser.

Les défauts d'un Pére & la dignité du Rang où un
Enfant se trouveroit élevé , rien ne doit altérer le respect que ce fils doit à son Pére : Il doit être, dit Confucius, dans une perpétuelle apréhension de rien faire

Se gouverner
soi - même pour
bien gouverner
les autres.

B iij   qui

qui puiſſe lui déplaire ; cette crainte doit toujours l'ocu-
per : Un Magiſtrat ne doit jamais ſe relâcher dans ce
juſte devoir, ſon éxemple doit inſtruire le peuple :
l'Empereur lui-même doit ſe comporter envers ſes parens avec toutes ſortes d'égards ; c'eſt le moyen le plus
infaillible de s'atirer ceux des peuples, ils lui obéiront
comme à leur Pére commun, cet amour s'élévera de
l'Empereur juſqu'au Ciel qui eſt le Pére de tous les hommes & le principe de toute puiſſance : le juſte Ciel ré-
compenſera abondament de ſi belles vertus, & l'on
verra partout régner la paix. Le Roi & ſes Sujets ne ſe-
ront plus qu'une même famille & le Royaume qu'une
ſeule maiſon, où les Sujets obéiront à leur Roi comme
à leur Pére & le Roi aimera ſes Sujets comme ſes Enfans. Il confirme ces paroles par l'éxemple d'un Empereur dont le régne a été un des plus longs & des plus
heureux ; c'eſt au reſpect qu'il eut pour ſon Pére qu'il
atribuë tous ſes ſuccés : à l'entendre parler, l'on diroit
qu'il ſavoit la promeſſe que Dieu a faite dans le Déca-
logue à ceux qui honoreroient leurs Péres & leurs Mé-
res.

Bel éxemple de l'amour d'un Enfant pour ſon Pére.

Je raporterai un trait qui fera conoître la délica-
teſſe de l'amour qu'ont les Chinois pour leurs Péres. Un
Magiſtrat (k) mérita la mort pour ne s'être point ac-
quité avec intégrité de ſa Charge. Son fils âgé de 15
ans

(k) Vers l'an 540 depuis la venuë de Notre-Seigneur.

ans fut fe jetter aux piés de l'Empereur & lui ofrit fa vie pour conferver celle de fon Pére : l'Empereur touché de cette marque de tendreffe acorda au fils la grace du Pére, & voulut pour récompenfer la vertu de ce généreux Enfant, le diftinguer par des marques d'honneur, mais il les refufa, en difant qu'il ne vouloit point d'une diftinction qui lui rapelleroit continuellement l'idée d'un Pére coupable.

Les Chinois pendant trois ans que dure le deüil de leur Pére, ne font couverts que de toile, ne fe nourif-fent qu'avec le ris le plus commun, & ne boivent que de l'eau. Ils font fouvent les mêmes cérémonies devant leurs images qu'ils confervent religieufement dans leurs maifons comme s'ils étoient véritablement préfens. *Rigueur du deüil de la mort des Péres.*

L'autorité des Péres fur leurs Enfans eft tout-à-fait grande. Si un Pére acufe fon fils de quelque faute devant le Mandarin, il n'a befoin d'aucune preuve ; on fupofe toujours qu'il a raifon, & qu'un Enfant eft coupable dés que fon Pére n'eft pas content. Lorfqu'un Enfant fe trouve incorrigible & que l'on craint de lui quelqu'action capable de déshonorer fa famille, les parens peuvent avec l'agrément du Magiftrat politique qui eft le Pére de tous les Citoyens, s'affembler dans la Sale des Ancêtres & le condanner à mort. *Autorité des Péres fur leurs Enfans.*

Quelques Empereurs ont pris le deüil pour un mois, & l'ont fait prendre à toute leur Cour, parce qu'un

fils

Châtiment du Parricide.

fils avoit frapé fon Pére ou fa Mére. S'il arivoit qu'un fils fût aflés furieux pour tuer fon Pére ou fa Mére, alors tout l'Empire eft en mouvement, & la Province où ce crime s'eft commis en eft toute alarmée. Les Mandarins font dépofés & les proches parens févére-ment punis pour n'avoir point eu foin de veiller à fes mœurs & de le reprendre ; car un fi méchant naturel avoit déja dû fe faire conoître en d'autres ocafions, & l'on ne peut parvenir que par dégrés à un atentat fi abominable. Pour ce qui regarde le coupable, il n'eft point d'aflés grand fuplice dont on ne s'avife pour le punir : on le coupe en mille pieces , on le brûle, on détruit fa maifon jufqu'aux fondemens, on renverfe celles de fes voifins , & on dreffe partout des monu-mens pour éternifer le châtiment d'un fi horrible ex-cès.

I V.

DU GOUVERNEMENT

DES CHINOIS.

Genre du Gou-vernement de la Chine.

LA Chine eft gouvernée par un feul Monarque : il peut choifir fon fucceffeur, non - feulement parmi les Princes de fon fang , mais encore parmi fes Sujets. Un fentiment de vertu a quelquefois porté des Empe-reurs à exclure leurs fils de leurs fucceffions pour y apeller des perfonnes plus dignes du Trône. L'Empe-reur

reur *Xun* y parvint par cette voye. C'eſt de lui que dit l'Hiſtorien en faiſant alluſion à la ſituation du Trône des Empereurs qui eſt tourné vers le Midy : *Il gouvernoit par ſon repos, il regardoit le Midy avec toutes ſes vertus, & laiſſoit aller toutes choſes ſuivant leur cours.* Une réputation de piété, d'obéiſſance & de prudence étoit ce qui l'avoit fait élever de la charuë au Trône : l'Empereur *Yao* en lui remettant la Courone lui dit ces paroles remarquables, *J'ai reçú cet Empire du Ciel, mes Prédéceſſeurs l'en avoient reçú, je te le défére de ſon ordre, il faut lui obéir, il te ſera toujours favorable lorſque tu le ſeras à tes Sujets.* Voici un autre trait qui confirme la même idée ſur l'origine de la puiſſance des Rois. Un Empereur ayant été pris par un rebelle & amené devant lui ſans donner aucune marque de trouble, ce rebelle ne put avec toute ſa férocité ſoutenir ſa préſence, & ſaiſi d'une ſueur froide, il s'écria, *Qu'il eſt dificile de réſiſter à la Majeſté d'une Puiſſance qui vient du Ciel.*

L'autorité de l'Empereur eſt deſpotique, mais pour peu qu'il ſoit ſenſible à ſa réputation ou à ſes intérêts, il ne ſauroit en abuſer longtems. Les Loix lui ſont ſi favorables qu'il ne peut les violer ſans donner quelqu'atteinte à ſon autorité, ni en faire de nouvelles ſans expoſer l'Etat à quelque révolution. La maniére dont on compoſe l'hiſtoire de ſon régne eſt ſeule capable de le modérer : un certain nombre de perſonnes choiſies

remarquent

C

remarquent avec foin toutes fes paroles & fes actions; chacun d'eux en particulier & fans le communiquer aux autres , les écrit fur une feüille volante à mefure que les chofes fe paffent , & les jette dans un Bureau par une ouverture qui y eft ménagée : le bien & le mal y font racontez fimplement ; & afin que la crainte ou l'efpérance n'y ayent aucune part , ce Bureau ne s'ouvre jamais durant la vie du Prince. De ces diférens mémoires confrontés les uns avec les autres , on compofe l'hiftoire de fa vie , ou pour fervir d'éxemple à la poftérité , ou pour être l'objet de la cenfure publique.

Cours Souveraines de P E C-KIN. L'Empereur tient fa Cour à *Peckin* , & c'eft dans cette Ville que réfident les Cours Souveraines qui gouvernent l'Etat fous fon autorité. La premiére (*l*) eft compofée des Miniftres d'Etat qui éxaminent toutes les grandes afaires , qui en font le raport & qui reçoivént les derniéres réfolutions de l'Empereur. Chacune a fa Jurifdiction particuliére ; & dans toutes il y a un Mandarin qui veille aux intérets de l'Empereur , & leurs délibérations n'ont lieu qu'après que ce Prince les a autorifées.   La

(*l*) Outre cette Cour des Miniftres d'Etat , il y en a encore fix autres. La premiére a vûe fur les Mandarins; la feconde léve les tributs & tient compte de l'emploi des Finances ; la troifiéme préfide à la confervation des anciennes Coutumes , & régle tout ce qui regarde la Religion, les Sciences, les Arts & les Afaires Étrangéres ; la quatriéme a jurifdiction fur les Troupes & les Oficiers qui les commandent ; la cinquiéme juge fouverainement des crimes; enfin la fixiéme ordonne & dirige les Ouvrages publics & les Bâtimens Royaux.

(19)

La Juftice fe rend fans rétribution ; le Juge a fes apointemens réglés. L'Empereur *Taïçum* (*m*) avoit fait un Edit qui défendoit aux Magiftrats de recevoir aucun préfent fous peine de mort, & en même tems pour les éprouver il les avoit fait folliciter fous main : il condanna à mort ceux qui n'eurent point la force de réfifter, & fes ordres aloient être éxécutés, lorfque fon Miniftre lui remontra qu'à la vérité ces Magiftrats êtoient coupables, mais qu'il l'étoit aufli de les avoir pouffés artificieufement à violer la Loi. Cette réfléxion toucha l'Empereur & il leur donna leur grace.

Les Charges ne s'achétent point, c'eft l'Empereur qui les donne, & pour les acquérir il faut s'en rendre digne. Avant que d'élever quelqu'un à quelque dignité on fait une information de fa vie, de fes mœurs & de fa capacité. L'hiftoire des Chinois nous aprend que fous le régne de VûVAM, *l'homme le plus vertueux étoit le plus riche & le plus puiffant.* Peut-on faire un plus bel éloge? ne rend-il pas croyable ce que nous lifons dans leur Chronologie, *Que fous un de leurs Empereurs plufieurs Nations touchées de leurs vertus, fe foûmirent à leurs Loix.*

Les Chinois ne reconoiffent d'autre Nobleffe que la vertu & d'autre Rang que celui où l'on eft élevé par les Charges. Par cette fage politique ils font fleurir le commerce

(*m*) Vers l'an 630 depuis la venuë de Notre-Seigneur.

commerce que l'oifiveté de la Nobleſſe a coutume de ruiner. Pluſieurs Empereurs ont porté leur vertu au point d'ordonner par des Edits qu'on les avertît de leurs défauts.

Quand un Mandarin s'aſſied ſur ſon Tribunal pour donner audience, ou qu'il ſe léve pour la finir, on l'anonce au peuple par une décharge de trois coups de canon. Aucun Mandarin ne peut être Gouverneur de ſa propre Ville, ni même de ſa Province. Le Parent d'un Gouverneur de Province ne peut être Gouverneur d'une Ville de ſon diſtrict. On prend ces précautions afin que le peuple ſoit gouverné avec plus d'équité : elles aſſurent auſſi la tranquilité de l'Etat. Un Gouverneur ne peut guéres ſe faire un parti dans une Province où il eſt pour ainſi dire étranger, & où rien ne le peut ſoutenir contre la puiſſance de l'Empereur. L'abus qu'il feroit de ſon autorité ſeroit moins propre à l'augmenter, qu'à la lui faire perdre entiérement.

On retient à la Cour les enfans des Mandarins les plus conſidérables qui gouvernent dans les Provinces, ſous prétexte de les bien élever, mais en éfet pour ſervir d'ôtages en cas que leurs Péres manquent à la fidélité qu'ils doivent à l'Empereur. Le moindre ſoulévement dans une Province eſt imputé au Gouverneur, & s'il continuë plus de trois jours, il en eſt reſponſable ſur ſa tête : c'eſt, diſent les Loix, la faute d'un Pé-

re si sa famille n'est pas tranquille, un peuple content
de ses Maîtres ne songe point à s'en défaire, & lorsque le joug est doux on se fait un plaisir de le porter.
Quand il s'est commis dans une Ville un vol consi-
dérable ou un assassinat, il faut que le Mandarin dé-
couvre les voleurs ou les assassins, autrement il est pri-
vé de sa Charge.

Les Magistrats engagés par leur propre intérêt de découvrir les auteurs du crime.

Pour que les Mandarins ne se relâchent point dans
l'éxercice des devoirs que leur prescrivent les Loix, les
Empereurs font quelquefois une visite générale de leur
Empire ; ils écoutent les plaintes de tout le monde &
punissent sévérement les Magistrats qui se trouvent
coupables d'injustice. Cette conduite inspire aux
Mandarins une crainte qui produit le bien des peuples,
& qui rend un Empereur l'objet des plus chéres délices de ses Sujets. *Quamvuti* dans la visite de son pays
natal, mangeoit avec les Gens de la Campagne : cet
Empereur y avoit été élevé, & avoit apris à conoître
les miséres du peuple par sa propre expérience.

Visite que font les Empereurs pour contenir les Magistrats dans leur devoir.

On fait tous les cinq ou sept ans une information
des mœurs des Mandarins. Leur Nom, leur Patrie, leur
dégré de Litérature, ainsi que ceux des Préfets Mili-
taires sont portés tous les trois mois dans un livre, &
ce livre est envoyé de la Cour dans toutes les Provinces. On y envoye pareillement une espéce de Calen-
drier qui anonce les éclipses du Soleil & de la Lune,
& les derniéres résolutions de l'Empereur dans ses Conseils.

Calendriers envoyés par tout l'Empire.

feils. S'il eft arivé un événement extraordinaire dans une Province , on le fait favoir à la Cour après que la vérité en a été publiquement reconuë; & de la Cour on le répand dans toutes les parties de l'Empire par des Couriers qui font pofés à une certaine diftance l'un de l'autre.

Police de l'Em-
pire de la Chine.

La Police de l'Empire de la Chine eft tout-à-fait admirable. Les portes des Villes fe ferment à la nuit & chacun fe retire dans fa maifon. Les honêtes gens, difent les Chinois, doivent au tems de la nuit veiller à la fureté de leurs enfans, ou prendre du repos pour être le jour plus en état de procurer celui de leur famille. En un mot, l'Etat a réglé toutes chofes & même les moindres minuties, les faluts , les vifites , les feftins , & les lettres qu'on s'écrit.

Adminiftration
des Finances.

La levée des deniers publics fe fait avec un grand ordre , fans qu'il foit befoin d'y employer un grand nombre d'Oficiers. On a mefuré toutes les Terres, on a compté toutes les familles ; & ce que l'Empereur doit retirer des fruits ou de la Capitation eft déterminé : chacun porte fa contribution chez le Gouverneur de la Ville ; on ne confifque point les biens de ceux qui y manquent, de crainte que cette confifcation n'entraîne après elle la ruine entiére d'une famille , mais on met les perfonnes en prifon , on les châtie févérement jufqu'à ce qu'ils ayent fatisfait. Ces Gouverneurs portent leur recette à un des premiers Mandarins de

la

la Province qui en eſt comptable à la Cour Souverai-
ne des Finances. Une grande partie des déniers Royaux
ſe conſomme dans les Provinces mêmes pour les pen-
ſions, les apointemens, le payement des Troupes &
les ouvrages publics ; le reſte eſt porté à *Peckin* pour
les beſoins ordinaires du Palais, de la Ville & de l'Empire.

Emploi des Fi-
nances.

Les Chinois ne ſoufrent guéres que les Etrangers
s'établiſſent dans leur pays. Ce ne ſont plus, di-
ſent-ils, les membres d'une même famille, élevés
dans les mêmes ſentimens, acoutumés aux mêmes
idées. La diférence des peuples entraîne néceſſairement
une diverſité de coutumes, de langues, d'humeurs &
de religions qui produiſent la diviſion & le déſordre.
Le reſpect qu'ont les Chinois pour leurs Ancêtres &
pour tout ce qui vient d'eux les rend énemis de toutes
nouveautés & par conſéquent des Etrangers qu'ils regardent comme des Gens nouveaux. Leur Monarchie
qui eſt la plus ancienne de l'Univers ne s'eſt ſoutenuë
ſi longtems, que par l'averſion naturelle qu'ils ont
pour le changement, & par un uſage uniforme &
continuel de Loix & de Coutumes.

Chinois énemis
de la nouveauté
& des Etrangers.

V.

DE L'AGRICULTURE ET DU COMMERCE

DES CHINOIS.

L'Agriculture eſt un des principaux objets de l'atention

*Eloge de l'A-
griculture. Elle
est exercée par les
Empereurs.*

tion du Gouvernement Chinois. Confucius l'apelle la Baze de l'Empire & l'Elément du peuple. Au Printems l'Empereur lui - même va folemnellement labourer quelques fillons pour animer par fon éxemple les Laboureurs à la culture des terres. Autrefois les fruits qui provenoient de ce labour étoient oferts au Ciel. Les Mandarins de chaque Ville en ufent de même. Une pluye tombée à propos eft un fujet de leur rendre vifite & de les complimenter. La Chaffe eft défenduë pendant cinq mois de l'année, afin qu'on ne faffe point de

*Caractére d'un
parfait Manda-
rin.*

tort aux moiffons. Un parfait Mandarin (c'eft le caraétére qu'en a fait un Mandarin même) vifite au Printems toutes les Campagnes, il honore de quelque diftinction le Laboureur vigilant, & punit celui qui néglige fes terres & les laiffe en friche ; il aide ceux qui ne font pas en état de les cultiver : fi le Laboureur n'a pas dequoi avoir un bœuf pour cultiver fon champ & manque de grains pour l'enfemencer, il lui avance l'argent néceffaire & lui fournit des grains : en Automne quand la récolte eft faite, il fe contente de reprendre fon avance fans intérêt. Par cette conduite le peuple goûte le plaifir d'avoir un Magiftrat charitable, le Laboureur n'épargne point fa peine, les campagnes deviennent un fpectacle agréable aux yeux, dans les hameaux femmes & enfans, tout eft dans la joye : partout on comble le Mandarin de bénédictions.

Soins des Chi-

La Chine eft toute coupée par des canaux qui augmentent

mentent beaucoup la fertilité naturelle des terres. Il y a dans chaque Province un large canal qui tient lieu de grand chemin, renfermé entre deux petites levées de pierre. Ce canal se décharge à droit & à gauche en plusieurs autres qui se divisent en un grand nombre de ruisseaux pour porter partout la fertilité & l'abondance. Les terres sont presque toutes mises au niveau afin que dans les tems de pluye l'eau se distribuë également partout, sans quoi les hauteurs demeureroient dans la sécheresse, tandis que les fonds seroient noyés. C'est ainsi qu'en use le Laboureur même dans la culture des colines, car il les coupe par dégrés & par étages depuis le pié jusqu'au sommet, pour que l'eau s'y imbibe & n'entraîne pas avec elle les semences & les sels de la terre.

nois pour l'Agriculture & la distribution des eaux.

Les Laboureurs jettent d'abord leurs grains sans ordre, ensuite lorsque l'herbe a commencé de croître ils l'arrachent avec la racine & en font de petites gerbes qu'ils plantent au cordeau, afin que les épics apuyés les uns contre les autres soient plus en état de résister à la force des vents.

Industrie & adresse des Chinois dans l'Agriculture.

On recuëille du froment dans quelques Provinces du Nord, & du ris dans toutes les autres. Il y a de grands magasins à *Peckin* qui sont toujours remplis suffisament pour la subsistance de cette grande Ville pendant 3 ou 4 ans. L'Empereur *Venti* avoit fait bâtir par tout l'Empire des greniers publics : chaque fa-

Productions de la terre. Grands magasins remplis de grains.

mille

mille y aportoit une certaine quantité de blé fuivant ſon état & ſa condition ; ce blé étoit réfervé pour enſemencer les terres & pour foulager les pauvres dans les tems de diféte.

On ne voit dans les Plaines preſqu'aucun arbre ; tant les Chinois craignent de perdre un pouce de terre : le bois ſe tire de quelques montagnes qui ſe *Mines de diférens métaux.* font trouvées moins propres à la culture : il y en a où il ſe trouve des mines de Fer , d'Eſtain , de Cuivre , de Mercure , d'Or & d'Argent.

Le nombre des Peuples eſt ſi grand dans la Chine, que ſans tous ces ſoins la terre ne produiroit pas aſſés de grains pour les nourir tous. Il n'y a perſonne qui ne travaille : il n'eſt permis qu'aux aveugles & aux lépreux de demander l'aumône. Ceux qui ne travaillent point à la culture des terres , s'apliquent au *Chinois intéreſſés & ruſés dans le commerce.* commerce. Les Chinois ſont fort intereſſés & fort induſtrieux ; il ne faut point compter ſur leur bonne foi : ils s'imaginent que le plus habile dans le commerce eſt celui qui fait le mieux tromper. Pour le moindre gain ils entreprennent les voyages les plus dificiles ; le commerce y eſt l'ame du peuple , & le principe de toutes ſes actions.

Commerce intérieur de la Chine. Le grand commerce des Chinois ſe fait dans la Chine même , d'une Province à l'autre par le moyen des Canaux : elles ſe communiquent leurs richeſſes , & portent réciproquement dans le ſein les unes des

autres

autres l'abondance de toutes chofes. L'or n'y eft point regardé comme monoye, il s'y achete avec de l'argent : la proportion entre ces deux métaux n'eft pas la même qu'ici : on y donne une livre d'or pour dix d'argent, au lieu qu'en France il vaut quatorze fois & demi davantage.

Sous les Empereurs Chinois il n'étoit pas permis aux Etrangers d'entrer dans les Ports de la Chine, mais les Tartares plus paffionés pour l'argent que pour l'obfervation des anciennes Coutumes, les ont ouverts à toutes les Nations.

Les Chinois vont trafiquer dans toutes les Indes où ils portent de la Soye, du Thé, des Porcelaines, des Ouvrages de Vernis, & cent autres curiofités de leur pays : ils vont furtout au Japon d'où ils raportent beaucoup (*n*) d'or, & aux Philipines d'où ils raportent beaucoup d'argent, en forte que tout celui qui y vient du Méxique par la Mer Pacifique, fe va rendre à *Kanton*, d'où il fe répand dans tout l'Empire.

Commerce des Chinois dans les Indes & dans le Japon.

V I.

(*n*) Il eft certain par les Relations les plus fures du Japon, entr'autres par celles des Jefuites qui y ont demeuré fi longtems, qu'il n'y a ni dans les Ifles du Japon, ni dans la Terre d'Effo aucune mine d'or, & cependant l'or abonde dans le Japon : de quel Pays y vient donc une fi grande quantité d'or ? La recherche de ce Pays eft intéreffante, & la découverte n'en feroit point d'une grande dificulté, fi c'étoit celui que je m'imagine fur des conjectures bien fondées.

V I.

DE LA VERTU, DU SAGE,

ET DES LOIX.

Extrait des Ouvrages de Confucius.

La raifon vient du Ciel; elle dicte à l'homme fes devoirs.

LA Raifon eft un préfent célefte, c'eft d'elle que nous devons prendre des régles de vertu : elle eft intérieure à l'homme même, & n'en peut être féparée. Elle eft le principe de cette atention continuelle que le Sage a fur lui-même, de cet éxamen fcrupuleux avec lequel il confidére les moindres mouvemens qui s'élévent dans fon cœur, de cette circonfpection & de cette réferve qu'il obferve même dans les chofes qui ne font ni vûës ni fçûës de perfonne, & de cette uniformité qui doit toujours régner entre fes paroles & fes actions. Le Sage eft à lui-même un rigoureux cenfeur, il ne fait rien qu'il n'ait confulté fa vertu, il fe cite au tribunal de fa confcience, il y eft à lui-même fon témoin, fon accufateur & fon Juge : il ne fait rien qu'il ne veüille bien qu'on fache que c'eft lui qui l'a fait.

Connoître & vouloir, pour acquerir la fageffe.

Celui qui veut travailler à le devenir, doit avant toutes chofes fe défaire de fes préjugés, enfuite méditer, raifoner fur toutes chofes, tâcher de s'en former des idées claires & diftinctes, pefer tout, éxaminer tout : C'eft avoir beaucoup profité, que de s'être s'être apliqué à conoître la vérité: Il doit se méfier des discours trop recherchés & trop remplis d'éloquence; ce sont les apas les plus séduisans de l'erreur : en un mot, il doit se fixer, soit par des réfléxions, soit par des expériences, & agir constament lorsqu'il a reconu ce qu'il doit faire. C'est la Science qui guide le choix & l'éxamen : elle doit acompagner toutes les autres vertus : avec la charité seule on tombe dans l'aveuglement, avec la prudence dans l'incertitude, avec la bonne foy dans l'erreur, avec la constance dans l'opiniatreté.

Le caractére de la véritable Vertu est simple; & si les éxemples n'en sont pas communs, c'est que les Sages du siécle s'imaginent qu'elle est audessous de leurs grands desseins & de leurs projets ambitieux : plusieurs se laissent entraîner par leur éxemple, d'autres ne la conoissent pas. Il y en a qui donnent dans des vertus extraordinaires, ils veulent qu'il y ait du merveilleux dans leurs actions, afin que la postérité les loüe : ceux-là font le bien par vanité & par amour propre : la Vertu veut être pratiquée pour l'amour d'elle-même; elle est énemie de la feinte, de l'imposture, & de l'ostentation : elle se renferme dans le cœur de ceux qui la possédent, elle est remplie pour eux de graces & d'atraits : c'est le Ciel qui l'a créée, il la protége ; celui qui la persécute, persécute le Ciel.

Fausses vertus.

Caractére de la véritable vertu.

D iij

Le

Caractére du Sage.

Le caractére de la Vertu fait conoître celui du Sage. Il ne se donne point en spectacle, mais comme la terre il fait conoître ses vertus par ses éfets : ses actions sont simples, destituées de bruit & d'éclat : il agit sur les esprits par une douce violence ; ses mouvemens sont aussi uniformes & tranquilles que ceux des Astres : il paroît ne rien faire, mais réellement il fait beaucoup ; il est actif dans son inaction même : il est lent à parler, plus encore à décider : il est si ocupé de sa vertu, que lors même qu'il est dans sa maison, il n'y cherche ni ses comodités, ni ses délices : il est celui à qui il se fie le moins, & à qui il plaît le moins : il se conduit selon son état présent, & ne souhaite rien audelà : il est riche sans luxe, pauvre sans bassesse, joüit des honneurs & des dignités sans orgüeil : il est humble & respectueux sans être lâche ni flateur : il ne craint rien, parce que rien n'est capable de lui nuire ; il ne s'atriste point, parce que la tristesse est inutile, ce qui est une fois arivé ne pouvant n'avoir pas été ; il ne s'indigne point d'un événement plûtôt que d'un autre, parceque le Ciel qui le permet est le seul qui en conoît les suites : enfin il atend d'un esprit toujours égal tout ce que le Ciel ordonnera de lui, parce que le Ciel fait mieux que lui ce qui lui convient davantage.

Le Sage se distingue par sa modestie, & s'expri-

Le Sage n'ambitione point les dignités, mais il tâche de s'en rendre digne : il y a des gens qui afectent

de

de vouloir être maîtres partout, ils sont toujours remplis d'eux-mêmes, & à chaque instant vous font mal-
gré vous le récit de leurs actions ; le Sage au contraire
ne parle de lui-même qu'avec modestie ; le silence est
sa vertu : le Ciel parle, mais de quel langage se sert-
il pour nous aprendre qu'il y a un souverain Principe
dont dépendent toutes choses ? Son mouvement est
son langage, il raméne les saisons en leurs tems, il
émeut toute la nature, il la fait produire : Que ce silence, s'écrie Confucius, est éloquent !

Le cœur de l'homme est ce que le Sage doit s'apli-
quer le plus à conoître : cette conoissance s'acquiert
surtout par l'expérience. Je m'imaginois, dit Confucius, lorsque j'étois jeune, que tous les hommes
étoient sincêres, qu'ils mettoient en pratique ce qu'ils
disoient, en un mot, que leur bouche étoit toujours
d'acord avec leur cœur : aujourd'hui j'écoute les hommes, mais j'éxamine avec soin leurs actions, c'est par
elles que je juge de la vérité de leurs paroles.

Le Sage a pour baze de toutes ses vertus, l'humanité. L'amour que l'on doit avoir pour tous les hommes, n'est point quelque chose d'étranger à l'homme ; c'est l'homme lui-même : sa nature le porte à
les aimer tous, & ce sentiment lui est aussi naturel
que l'amour de lui-même : c'est le caractére qui le distingue de tous les autres êtres créés ; c'est l'analise de
toutes ses loix. L'amour que l'on doit à son Pére & à

sa

fa Mére eft d'une force fupérieure à celui qui a pour objet tout le genre humain, il lui fert comme de dé-grès, & nous y méne infenfiblement : c'eft de cet amour univerfel que vient cette juftice qui fait que l'on rend à chacun·ce qui lui apartient. La diférence qui fe trouve entre l'amour que l'on a pour fes parens & celui que l'on a pour les autres hommes ; entre l'a-mour que l'on a pour les hommes vertueux & habi-les, & celui que l'on a pour ceux qui ont moins de vertu & d'habileté, eft comme une harmonie & une fymétrie de devoirs que la raifon du Ciel a gardée, & à laquelle nous ne pouvons rien changer.

Confucius rempli de cet amour que l'on doit à tous les hommes, difoit que c'étoit pour lui un véri-table plaifir que de vanter le mérite de quelqu'un. In-terrogé quels étoient fes defirs : Mes defirs, dit-il, ont pour objet tout le genre humain ; de fes intérêts, j'en fais les miens. Ces paroles expriment parfaitement le caractére d'un homme parfait. Celui qui a le cœur bas & mal fait, ne fait du bien qu'à de certaines per-fonnes : certaines paffions, certaines amitiés particu-lieres le font agir : fon amitié eft intéreffée, il ne fé-me fes biens que dans la vûë d'en recueillir davan-tage.

Dans les Inftructions de Confucius à fes Difciples, il leur raporte ces deux traits. Le premier eft d'un homme du Royaume de *Lû* qui fe confoloit de la

perte

perte de fon manteau par ces belles paroles: *Un homme de* Lu *a perdu fon manteau, un autre homme l'aura trouvé.* Le fecond trait eft d'un Empereur qui dans les crimi-nels même favoit partager fon amour & fa haine en-tre la perfonne & le crime. Il n'en éxigeoit, dit-il, que le repentir de leurs crimes: il n'oublioit pas feulement leur faute, mais il faifoit enforte que ceux-mêmes qui les avoient commifes, pouvoient en quelque fa-çon les oublier, & perdre une partie de la honte qui demeure après les grandes chutes, & qui ne peut que décourager dans le chemin de la vertu. Le choix de ces éxemples marque autant de nobleffe que de jufteffe & de précifion dans les fentimens de ce Philo-fophe.

Sa penfée fur l'origine des Loix eft tout à fait ingé- *Origine des Loix.* nieufe. Il defcend par dégrés de l'éxiftence du Mon-de à l'inftitution des Loix. Le commencement du Monde, dit-il, a donné l'être à toutes chofes, à la diftinction du Mâle d'avec la Femelle, à l'union du Mari & de la Femme, à la puiffance d'un Pére fur fon Enfant, à celle d'un Patron fur fon Client, à celle d'un Supérieur fur fon Inférieur, à l'obfervation des devoirs & à l'inftitution des Loix.

Ce principe de la Loi naturelle, *Ne fais à autrui* *Loi fondamen-* *que ce que tu veux qui te foit fait,* eft regardé par Con- *tale, principe de* fucius comme le fondement de toutes les Loix. Il le *toutes les autres.* dévelope d'une maniére qui fait bien fentir qu'il en

E　êtoit

ètoit tout pénétré : Parmi ceux, dit-il, avec qui vous vivez, vous avez des Supérieurs, des Inférieurs, des Egaux : Il y en a qui vous ont précédé, il y en a qui doivent vous succéder : vous en avez à votre main droite, vous en avez à votre main gauche. Faites réfléxion que tous ces hommes ont les mêmes passions que vous, & que ce que vous souhaitez qu'ils vous fassent ou qu'ils ne vous fassent point, ils souhaitent que vous le leur fassiez, ou que vous ne le leur fassiez pas. Ce que vous haïssez & blâmez dans vos Supérieurs, gardez-vous bien de le pratiquer à l'égard de vos Inférieurs : Ce que vous haïssez & blâmez dans vos Inférieurs ne le pratiquez point à l'égard de vos Supérieurs : Ce qui vous déplaît dans la vie de vos Ancêtres, évitez-le pour n'en point donner l'éxemple à la Postérité. Enfin ce que vous blâmez dans ceux qui sont à votre main droite ne le pratiquez point à l'égard de ceux qui sont à votre main gauche ; & ce que vous blâmez dans ceux qui sont à votre main gauche, gardez-vous de le pratiquer à l'égard de ceux qui sont à votre main droite.

V I I.

PRECÉPTES DE CONFUCIUS

POUR BIEN GOUVERNER.

La vertu est le fondement des États.

La vertu est la baze d'un Empire & la source d'où découle tout ce qui peut le rendre florissant. C'est ce qui

qui faifoit dire à un Ambaſſadeur du Royaume de Çu, à qui l'on demandoit ſi dans le Royaume de ſon Maitre il y avoit de grandes richeſſes & beaucoup de pierres précieuſes, *Il n'y a rien*, dit-il, *qu'on eſtime précieux dans le Royaume de Çu que la Vertu.*

Un Roi a au-deſſus de lui le Ciel, au-deſſous le Peuple : le Ciel & le Peuple le regardent toujours. Il doit donc agir avec circonſpection & dans toutes ſes actions regarder le Ciel comme ſon Juge & ſon Souverain : il doit être bon à ſon Peuple, aimer ſes Sujets comme ſes Enfans, & vouloir que le moindre de tous reſſente l'éfet de ſes bontés. Par cette conduite il atirera ſur lui & ſur ſon Etat les faveurs du Ciel, & ſon Peuple ſera rempli pour lui d'amour, de reſpect & de vénération. Que ſi au contraire il abandonne la vertu pour ſe plonger dans le vice, il s'atirera l'indignation du Ciel & l'averſion de ſes Peuples. *Ah ! s'écrie Confucius, que la dignité dont le Ciel revêtit les Rois, eſt grande & formidable !*

Les Rois ont un intérêt eſſentiel de pratiquer la vertu parcequ'on ne manque point de les imiter : ils doivent s'en faire une habitude, & ſurtout régner par leurs actions. Leur mouvement détermine celui de leurs Sujets, il eſt comparable à celui d'un grand tourbillon qui entraîne avec lui tous les autres globes inférieurs. Leurs défauts ſont comme les éclipſes du Soleil, ils viennent à la conoiſſance de tout le monde,

Le point de vûe où les Rois doivent ſe conſidérer.

Les Peuples ſe conforment à l'éxemple de leurs Rois.

E ij   &

& leurs crimes font toujours plus grands que ceux des autres hommes. *Cheu* le dernier Empereur de la famille de *Xam* tenoit une conduite fort irréguliére, mais néanmoins fes défordres n'étoient que ceux de fon fiécle ; cependant lorfque l'on parle de quelqu'action lâche, criminelle ou infame, on dit, c'eft le crime de *Xam*. En voici la raifon, *Xam* étoit Empereur & méchant.

Les Rois doivent du refpect à leur caractére.

Toutes les fois qu'un Roi fe montre à fon Peuple, il doit le faire avec majefté : la vertu qui n'eft point foutenuë par la gravité, n'acquiert point d'autorité fur les hommes. Confucius fe fert de cette comparaifon. Le Prêtre qui va facrifier s'aproche des Autels avec un grand filence ; fon port eft majeftueux, fa vuë imprime du refpect ; fa modeftie, fa gravité, fa vertu fait que tout le monde fans efpérer de récompenfes, fans craindre de châtimens obferve un étroit filence. L'éxemple d'un Roy vertueux agit de la même maniére fur fon Peuple : la crainte qu'on a de lui déplaire fait plus d'éfets que la crainte des plus rudes châtimens.

Moyens d'infpirer l'amour de la vertu aux Peuples.

Celui qui veut infpirer l'amour de la vertu à fes Sujets, doit premiérement la pratiquer, & enfuite n'élever aux dignités que ceux qui font d'une vertu reconuë & éprouvée. Les Grandeurs font des biens que tous les hommes défirent naturellement, chacun pour les pofféder, tâchera de s'en rendre digne. L'Etat en retirera encore une autre utilité : le Peuple fe foumet

met fans peine aux impofitions , lorfque le Miniftre s'eft acquis une réputation de bonne foy , autrement il croit toujours qu'on le véxe. Il en eft comme d'un Courtifan qui eft reconu pour fincére , il peut avertir fidélement fon Prince , il en fera écouté , même aimé ; mais s'il n'a point cette réputation de fincérité, quoique d'ailleurs il la mérite, loin de s'atirer l'eftime de fon Prince , il s'atirera fes mépris & fon averfion.

Si un Roy veut être fervi fidélement , il doit perfuader à fes Sujets par fa conduite , qu'il ne penfe qu'à les rendre heureux. Jamais les Peuples ne font bons fujets quand ils ne le font que par crainte. Il faudroit, s'il étoit poffible , qu'ils ne s'aperçuffent point qu'ils ont un Maître. Un Prince doit furtout travailler à gagner leur confiance : il doit leur demander quelquefois confeil , il les acoutume par-là à lui donner de tems en tems des avertiffemens avec liberté. Il peut, avec beaucoup d'efprit, manquer de confeil, en difant fon fentiment le premier : la crainte de lui déplaire fait que l'on n'ofe pas paroître en avoir un autre. Mais le moyen le plus fûr de s'atirer l'amour des Peuples eft de diminuer les impôts & le nombre de ceux qui vivent aux dépens du Public ; le falut de l'Etat dépend de celui du Peuple : le Prince qui le furcharge, loin d'en devenir plus riche, s'apauvrit tous les jours. La comparaifon dont fe fert Confucius pour faire fentir cette vérité , eft tout-à-fait ingénieufe : il

fait

fait de même, dit-il, que celui qui couperoit ſes propres membres pour s'en remplir le ventre ; le ventre ſe rempliroit, mais le corps diminueroit & périroit. De trop grands maux acablent le Peuple, & un bonheur trop grand le rend fainéant & orgueilleux : il faut dans toutes choſes garder un juſte milieu : cette régle a également lieu à l'égard des Sujets : il y en a qu'il faut traiter avec douceur, d'autres avec sévérité : il y en a ſur la fidélité deſquels on doit ſe repoſer, & il y en a dont on ne ſauroit aſſés ſe défier : un Roy doit ſavoir aimer & haïr ; cet amour & cette haine doivent être guidés par le diſcernement qui eſt la vertu des Souverains.

Modération & diſcernement en toutes choſes.

F I N.

*Regiſtré ſur le Regiſtre VII. de la Chambre Royale & Syndicale de la Librairie &
Imprimerie de Paris, n°. 307, fol. 258, conformément au Reglement de 1723 qui
fait défenſes, art. IV. à toutes perſonnes de quelque qualité qu'elles ſoient, autres
que les Libraires & Imprimeurs, de vendre, débiter & faire afficher aucuns livres pour
les vendre en leurs noms, ſoit qu'ils s'en diſent les auteurs, ou autrement, & à la
charge de fournir les Exemplaires preſcrits par l'article CVIII. du même Reglement.
A Paris, le 8 Février 1729.*

COIGNARD, *Syndic.*

De l'Imprimerie de CLAUDE SIMON, ruë Hautefeüille,
vis-à-vis M. LE PROCUREUR GENERAL.